Marie-Cla

Le secret de Louise

Rédaction : Domitille Hatuel, Cristina Spano
Conception graphique : Nadia Maestri
Mise en page : Maura Santini
Illustrations : Laura Scarpa
Recherches iconographiques : Laura Lagomarsino

Vous trouverez sur les sites www.cideb.it
et www.blackcat-cideb.com (espace étudiants et enseignants)
les liens et adresses Internet utiles pour compléter les dossiers
et les projets abordés dans le livre.
Tous les sites Internet signalés ont été vérifiés à la date de
publication de ce livre. L'éditeur ne peut être considéré
responsable d'éventuels changements intervenus successivement.
Nous conseillons vivement aux enseignants de vérifier à nouveau les
sites avant de les utiliser en classe.

Pour toute suggestion ou information la rédaction peut être contactée :
redaction@cideb.it
www.cideb.it

ISBN 88-530-0122-4 livre
ISBN 88-530-0123-2 livre + CD

Imprimé en Italie par Litoprint, Genova

Le texte est intégralement enregistré.

 Ce symbole indique les exercices d'écoute et le numéro de la piste.

 Les exercices qui présentent cette mention préparent aux compétences requises pour l'unité indiquée.

SOMMAIRE

CHAPITRE 1

Anne

est le début de l'automne : dans les jardins et les parcs de Bordeaux, les feuilles des arbres commencent à jaunir [1]. La chaleur étouffante [2] de l'été a disparu et l'air est frais et clair.

C'est dans cette ville que, depuis quelques semaines, vit Anne.

Anne est allemande ; elle vient d'un petit village près de Munich, en Bavière, et elle étudie le français à l'université. Elle se trouve à Bordeaux pour une période de cinq mois grâce à une bourse d'études. Elle veut améliorer sa connaissance de la langue française mais aussi voyager un peu pour connaître la

---

1. **jaunir** : devenir jaune.
2. **étouffant** : asphyxiant.

France. La mère d'Anne est française : voilà pourquoi elle s'intéresse à cette langue.

Elle aime beaucoup Bordeaux parce que cette ville n'est pas loin de l'océan Atlantique. En effet, Anne adore aller à la plage et dans cette région elle a la possibilité d'y aller très souvent.

À Bordeaux, elle habite dans un appartement près de l'université avec deux autres étudiants français, Paul et Suzanne.

Suzanne, qui vient de Pau [1], est étudiante en droit, tandis que Paul, qui est de Périgueux [2], est étudiant en pharmacie.

Ils sont tous les deux très gentils avec Anne et ils préparent souvent pour elle des spécialités de la région, telles que l'entrecôte à la bordelaise [3] ou l'omelette aux cèpes [4].

Parfois, ils sortent ensemble pour aller à la crêperie ou au cinéma.

Un soir, Paul frappe à la porte d'Anne :

– Écoute Anne, Suzanne et moi, nous allons en boîte [5] ce soir. Tu veux venir avec nous ?

– Non, merci, répond Anne, je suis trop fatiguée ! Et puis je n'aime pas beaucoup aller en boîte.

– Viens ! insiste Paul. Tu restes toujours à la maison ! Viens t'amuser [6] avec nous !

Anne accepte alors d'aller avec eux.

---

1. **Pau** : ville principale des Pyrénées-Atlantiques.
2. **Périgueux** : ville principale de la Dordogne.
3. **entrecôte à la bordelaise** : viande cuisinée avec du vin rouge et des échalotes.
4. **omelette aux cèpes** : omelette aux champignons.
5. **boîte** : discothèque.
6. **s'amuser** : se distraire.

Compréhension écrite et orale

DELF ① UNITÉ A2 **Lisez le chapitre et indiquez si les affirmations suivantes sont vraies (V) ou fausses (F).**

	V	F
1. Notre histoire commence à Lyon.	☐	☐
2. C'est l'automne.	☐	☐
3. La protagoniste de l'histoire s'appelle Anne.	☐	☐
4. Anne est suédoise et veut devenir architecte.	☐	☐
5. Anne est passionnée de tennis.	☐	☐
6. Anne habite avec d'autres étudiants étrangers.	☐	☐
7. Paul et Suzanne préparent souvent des spécialités culinaires du Sud-Ouest.	☐	☐
8. Anne n'a pas très envie d'aller en boîte.	☐	☐

② **Anne, Paul et Suzanne parlent d'eux-mêmes. Écoutez l'enregistrement et choisissez l'affirmation correcte.**

DELF UNITÉ A1

1. Suzanne
   a. ☐ préfère vivre en ville, mais elle déteste aller au cinéma et en boîte.
   b. ☐ préfère vivre à la campagne, mais elle va volontiers au cinéma et en boîte.
   c. ☐ vit volontiers en ville et aussi à la campagne.

2. Anne est
   a. ☐ suédoise et parle mal le français. Elle est à Bordeaux pour aller à la plage.
   b. ☐ allemande et parle mal le français. Elle est à Bordeaux en vacances et pour suivre un cours de français.
   c. ☐ allemande et parle assez bien le français. Elle est à Bordeaux pour améliorer ses connaissances.

3. Paul vit

    a. ☐ à la campagne et fait beaucoup de sport.

    b. ☐ volontiers en ville mais aussi à la campagne. Il n'aime pas beaucoup étudier et n'est pas très sportif.

    c. ☐ en ville parce qu'il aime aller en boîte et au cinéma.

Grammaire

Les adjectifs indiquant la nationalité

Masculin	Féminin
allemand	allemande
américain	américaine
anglais	anglaise
belge	belge
canadien	canadienne
chinois	chinoise
espagnol	espagnole
grec	grecque
hollandais	hollandaise
italien	italienne
japonais	japonaise
marocain	marocaine
portugais	portugaise
russe	russe
suédois	suédoise
sénégalais	sénégalaise
tunisien	tunisienne
turc	turque

1 Choisissez la nationalité qui convient et complétez les phrases suivantes.

1. Irina est ......, de Saint-Pétersbourg.

2. Mehmet est ......, d'Ankara.

3. Manuel et José sont ......, de Madrid.

4. John et Jane sont ......, de Londres.

5. Anne est ......, de Munich.

6. Paul et Suzanne sont ......, de Pau et de Périgueux.

7. Ulla et Birgit sont ......, de Stockholm.

8. Heidi est ......, de Zurich.

9. Renato et Claudio sont ......, de Turin.

10. Aristide et Maria sont ......, d'Athènes.

Production écrite et orale

DELF **1** Votre école fait un échange avec une école française. Vous arrivez
UNITÉ A1   dans votre famille d'accueil : présentez-vous et demandez des renseignements sur les personnes qui la composent.

DELF **2** Anne vient d'arriver à Bordeaux. Elle envoie une lettre à une
UNITÉ A1   amie pour lui raconter son voyage et ses premiers jours à Bordeaux. Vous pouvez l'aider ?

Bordeaux et la Gironde

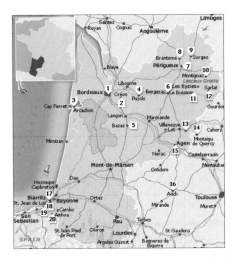

Cette histoire se passe à Bordeaux…

Bordeaux est la « capitale » de la région Aquitaine, dans le département de la Gironde, dans le Sud-Ouest de la France.

Ville de 800 000 habitants environ, elle est le centre d'une vaste région de vignobles. Le commerce du vin commence à l'époque romaine quand Burdigala fait venir du vin du Midi par bateau. Vers le Ier siècle, les habitants de la région se mettent à cultiver la vigne. Le XVIIIe siècle est une véritable période de prospérité. Ses intendants en font alors une des plus belles villes du monde.

Projet Internet

Lancez une recherche sur Internet sur l'office de tourisme de Bordeaux. Entrez dans la rubrique « découvrir Bordeaux » et cliquez sur « le vieux Bordeaux ».

- Où se trouve l'église Saint-Pierre ?
- Où était placée la statue d'Hercule ?
- Quelle description fait-on du quartier Saint-Michel ?
  - Quel est le style de la basilique ?
  - Comment est la vie dans ce quartier ? Et comment était-elle dans le passé ?

Cliquez maintenant sur « Bordeaux au XVIIIe siècle ».

- Par qui a été construit le palais Rohan ?
- Comment est décrit cet édifice ?
- Quel autre monument est construit à la même époque ?

Cliquez sur « le vin dans la ville ».

- Décrivez le tableau de Lacour, *Vue du Port de Bordeaux*. Quelle atmosphère se dégage de cette peinture ?
- À quoi doit son nom le quartier des Chartrons ?
- Quels édifices témoignent de la richesse des négociants de la deuxième moitié du XVIIIe siècle ?
- Que propose l'école du vin ?

Le vin

Légende : Vin blanc / Vin rouge

Le vin est une spécialité française. Première productrice mondiale, juste devant l'Italie, la France est la terre des vignobles les plus prestigieux de la planète. Les vins les plus réputés sont ceux de Bordeaux, de Bourgogne, d'Alsace, de la vallée du Rhône et de Champagne. Ce prestige coûte cher, mais s'explique par la rareté des terres capables de les produire et par le soin tout particulier apporté à leur culture. Il existe aussi des petits vins que l'on boit jeunes, à la différence des grands vins que l'on fait vieillir.

Dans la région du Bordelais, les propriétés viticoles sont appelées châteaux. Ici, le **château Carignan**, près de Bordeaux, occupe une superficie de 150 ha dont 65 de vignes. Il donne son nom à un vin du Bordelais.

Le **cépage** est le nom que l'on donne au plant de vigne.

Il existe différents cépages que l'on retrouve dans chaque région. Pour les cépages rouges notons le Cabernet-Sauvignon, le Merlot, le Pinot Noir et le Gamay et pour les cépages blancs, le Chardonnay, le Sauvignon, le Sémillon et le Riesling. Chaque cépage dégage un arôme particulier (fruits, fleurs, épices…).

Le **pied de plant avec rosier** est typique de la région du Bordelais. Le rosier joue le rôle d'indicateur en cas de maladie.

Les **vendanges** ont lieu à l'automne. Il s'agit de la récolte du raisin destiné à produire le vin.

Une fois mis en bouteille, le vin poursuit sa vie. C'est dans une cave humide, à l'abri de la lumière, que la conservation est la meilleure. Les **chais** sont caractéristiques de la région de Bordeaux.

Les millésimes indiquent l'année de la récolte du raisin ayant servi à faire un vin. Certaines années sont particulièrement bonnes et de cc fait très chères. Voici quelques dates :

1990-93-95-96 sont de grands millésimes très parfumés.

1998 a donné un vin soyeux.

2000 est un millésime très plaisant.

2003 est un millésime d'exception : la chaleur inhabituelle de cette année-là a provoqué une récolte peu abondante, peu juteuse et très sucrée. Splendide !

Depuis 1951, le troisième jeudi de novembre, on fête l'arrivée du **Beaujolais nouveau**. Cette opération de marketing permet de vendre plus du tiers de la production dans les deux mois qui suivent les vendanges. Depuis peu, la mode du Beaujolais nouveau arrive aussi dans les autres pays producteurs de vin.

Lire une étiquette

À partir d'un relevé effectué sur les étiquettes ci-dessous remplissez le tableau.

⚜
CHÂTEAU
LA MISSION HAUT BRION
GRAVES
APPELLATION GRAVES CONTRÔLÉE
Cru classé

1996

DOMAINE CLARENCE DILLON S. A.
PROPRIETAIRE A TALENCE (GIRONDE) FRANCE
PRODUCE OF FRANCE
MIS EN BOUTEILLES AU CHATEAU 750 ML

3

DOMAINE
DES
Coccinelles
1998
CÔTES-DU-RHÔNE
APPELLATION CÔTES-DU-RHÔNE CONTRÔLÉE
MIS EN BOUTEILLE À LA PROPRIÉTÉ

VIN À BASE DE RAISINS ISSUS DE
L'AGRICULTURE BIOLOGIQUE
CONTRÔLÉ PAR ÉCOCERT - 32600 - L'ISLE JOURDAIN

4

CHÂTEAU MARGAUX
GRAND VIN

1996
PREMIER GRAND CRU CLASSÉ 1855
FRANCE
APPELLATION MARGAUX CONTROLÉE 75 cl
SOCIÉTÉ CIVILE AGRICOLE CHATEAU MARGAUX
Propriétaire à Margaux

5

	N° 1	N° 2	N° 3	N° 4	N° 5
Nom du domaine ou du viticulteur					
Nom du vin					
Appellation contrôlée					
Lieu de mise en bouteille					
Contenance					
Degré					
Millésime					

CHAPITRE 2

En boîte

L a boîte où Paul et Suzanne vont souvent le samedi soir se trouve un peu en dehors de la ville. C'est un bâtiment [1] moderne, assez grand : à l'intérieur, il y a une salle pour danser et un bar.

Quand les trois amis arrivent, la salle est pleine de garçons et de filles qui dansent, parlent et s'amusent. La musique est très forte.

Paul et Suzanne se jettent dans la foule et commencent à danser, tandis qu'Anne préfère s'asseoir [2] dans un coin et regarder les gens.

Soudain [3], elle entend une voix qui lui dit :

---

1. **bâtiment** : édifice.
2. **s'asseoir** : prendre appui sur un siège.
3. **soudain** : brusquement.

Le secret de Louise

– Salut, je m'appelle Luc. Je peux m'asseoir à côté de toi ? Tu es seule ?

– Vas-y, répond Anne, non, je ne suis pas seule. Je suis avec deux amis qui sont en train de danser.

– Allons danser, nous aussi, lui dit Luc. Mais Anne lui répond qu'elle est trop fatiguée et qu'elle préfère rester assise.

– Je peux t'offrir quelque chose à boire ? insiste Luc.

– Merci, c'est très gentil. Je prends une bière.

Quand Luc revient du bar, les deux commencent à parler.

Anne lui raconte qu'elle est allemande et qu'elle se trouve à Bordeaux pour une période de cinq mois, grâce à une bourse d'études.

Luc lui dit qu'il est de Toulouse mais il travaille à Bordeaux comme policier dans une unité spéciale chargée de la lutte contre le trafic de biens culturels volés en France.

Pendant cette conversation, Paul et Suzanne reviennent à leur table et tous les quatre commencent à parler de tout et de rien [1].

Luc trouve Anne très sympathique : ils échangent leurs numéros de téléphone et décident de se revoir.

---

1. **parler de tout et de rien** : parler de différents sujets.

Compréhension écrite et orale

DELF ❶
UNITÉ A2 **Lisez le chapitre et indiquez si les affirmations suivantes sont vraies (V) ou fausses (F).**

	V	F
1. La boîte se trouve à Bordeaux.	☐	☐
2. La boîte est fermée.	☐	☐
3. Anne commence immédiatement à danser.	☐	☐
4. Luc est très gentil.	☐	☐
5. Luc est policier.	☐	☐
6. Luc trouve Anne antipathique.	☐	☐

❷ **Écoutez l'enregistrement et choisissez la réponse correcte.**

DELF
UNITÉ A1

1. Anne boit
   a. ☐ un jus d'orange.
   b. ☐ un apéritif sans alcool.
   c. ☐ une bière.

2. Luc boit
   a. ☐ une bière.
   b. ☐ un verre de vin blanc.
   c. ☐ de l'eau minérale plate.

3. Suzanne boit
   a. ☐ un verre de sauternes.
   b. ☐ un orangina.
   c. ☐ un jus de pamplemousse.

4. Paul boit
   a. ☐ un café arrosé de cognac.
   b. ☐ un kir.
   c. ☐ un café au lait.

Grammaire

Les verbes réfléchis ou pronominaux

Les verbes réfléchis ou pronominaux se conjuguent comme les autres verbes, mais ils ajoutent un pronom personnel réfléchi devant le verbe.

s'amuser	*s'appeler*
je **m**'amuse	je **m**'appelle
tu **t**'amuses	tu **t**'appelles
il / elle **s**'amuse	il / elle **s**'appelle
nous **nous** amusons	nous **nous** appelons
vous **vous** amusez	vous **vous** appelez
ils / elles **s**'amusent	ils / elles **s**'appellent

À la forme négative, **ne** précède le pronom personnel réfléchi et **pas** suit le verbe.

*Les jeunes **s**'amusent – Les jeunes **ne** s'amusent **pas**.*

1 Complétez les phrases suivantes avec les verbes réfléchis et mettez-les ensuite à la forme négative.

1. La boîte ...... trouve un peu à l'extérieur de Bordeaux.
2. Les jeunes ...... amusent.
3. Paul et Suzanne ...... jettent dans la foule.
4. Luc et Anne décident de ...... revoir.
5. Le dimanche vous ...... levez toujours tard !
6. Nous ...... amusons beaucoup en boîte.
7. Comment tu ...... appelles ?
8. Je ...... appelle Anne. Et toi ?
9. À quelle heure vous ...... voyez, demain ?
10. Les filles, on ...... voit ce soir ?

2 Mettez au pluriel les mots suivants.

un café au lait	deux ....
un café crème	trois ....
un jus d'orange	quatre ....
un thé au citron	trois ....
un verre de vin blanc	deux ....
une bière	quatre ....

Production écrite et orale

DELF
UNITÉ A1

1 **Parlez de vous. Qu'est-ce que vous faites pendant votre temps libre ? Répondez en utilisant les adverbes suivants.**

[jamais   souvent   quelquefois   tous les jours]

Exemple : *Tu étudies dans ta chambre ? – Oui, assez souvent.*

1. Tu fais du sport ? ....

2. Tu vas en boîte ? ....

3. Tu navigues sur Internet ? ....

4. Tu lis ? ....

5. Tu écoutes de la musique ? ....

6. Tu rencontres tes amis ? ....

7. Tu vas au cinéma ? ....

8. Tu regardes la télé ? ....

2 Écrivez un courriel à votre correspondant(e) français(e) pour lui raconter vos loisirs préférés.

CHAPITRE 3

Bordeaux

e mercredi suivant, Anne n'a pas cours à l'université et elle veut visiter Bordeaux, qu'elle ne connaît pas très bien. Elle a aussi besoin d'une paire [1] de chaussures chaudes.

La ville est divisée en deux parties : la rive droite et la rive gauche, avec les quartiers anciens. Anne commence sa visite à partir du Vieux Bordeaux. Elle marche dans les rues et ruelles [2], admire les palais anciens, les églises, mais surtout les vitrines des magasins.

Dans un magasin de chaussures de la rue Sainte-Catherine, elle voit une belle paire de chaussures qui lui plaisent et qui sont bon marché [3].

1. **paire** : ensemble de choses identiques allant par deux.
2. **ruelle** : petite rue.
3. **bon marché** : pas cher.

Elle entre dans le magasin et salue.

– Bonjour, mademoiselle, je peux vous aider ? lui demande la vendeuse très gentille.

– Je voudrais essayer les chaussures à 70 euros.

Le secret de Louise

– D'accord, mademoiselle. Quelle pointure [1] ? demande la vendeuse.

– 39, répond Anne.

Elle les essaie et se regarde dans la glace : elle les trouve très bien !

– Elles sont très confortables, dit-elle.

Et la vendeuse ajoute :

– Elles sont à la mode et ne sont pas très chères.

– Elles sont en solde [2] ? demande Anne timidement.

La vendeuse répond, gentiment mais fermement :

– Je regrette [3], mais elles ne sont pas en solde.

Anne les achète quand même et les met tout de suite.

Quand elle sort du magasin, elle se rappelle qu'elle doit encore faire des courses [4], parce qu'elle voudrait inviter Paul et Suzanne à dîner.

Elle entre donc dans une petite épicerie [5] pour acheter ce dont elle a besoin.

Avant de rentrer, elle va dans un café pour boire quelque chose et se reposer un peu.

---

1. **pointure** : nombre qui indique la dimension des chaussures.
2. **être en solde** : être vendu à un prix réduit.
3. **regretter** : s'excuser.
4. **faire des courses** : faire des achats.
5. **épicerie** : magasin d'alimentation générale.

Compréhension écrite et orale

DELF **1** Lisez le chapitre et indiquez si les affirmations suivantes sont
UNITÉ A2 vraies (V) ou fausses (F).

	V	F
1. Anne connaît très bien Bordeaux.	☐	☐
2. Anne a besoin de chaussures.	☐	☐
3. Anne aime regarder les vitrines des magasins.	☐	☐
4. Les chaussures qu'elle veut acheter sont très chères.	☐	☐
5. La vendeuse dit que les chaussures ne sont pas en solde.	☐	☐
6. Anne a déjà fait ses courses.	☐	☐

2 Relisez le chapitre et répondez aux questions.

1. Quelle pointure prend Anne pour ses chaussures ?

....

2. Est-ce que ces chaussures sont en solde ?

....

3. Pourquoi Anne demande si elles sont en solde ?

....

3 Écoutez l'enregistrement et racontez comment Anne est habillée
aujourd'hui : vous pouvez utiliser les vêtements de la liste
DELF suivante. Attention ! Certains ne sont pas mentionnés.
UNITÉ A1

> jean   pull   chemisier   jupe   anorak   manteau
> écharpe   sandales   gants   mocassins   cardigan

Enrichissez votre vocabulaire

1 Dans certains magasins, Anne voit des panneaux. Choisissez l'explication exacte parmi celles qui vous sont proposées.

1
FERMÉ
POUR GRÈVE

a. ☐ Aujourd'hui le magasin est fermé en signe de protestation.

b. ☐ Aujourd'hui le magasin est fermé pour manque de personnel.

c. ☐ Aujourd'hui le magasin est fermé pour travaux.

2

FERMÉ POUR JOUR DE REPOS

a. ☐ Le propriétaire est malade.

b. ☐ C'est le jour de repos hebdomadaire.

c. ☐ Le magasin ouvre plus tard.

3

FERMÉ POUR CONGÉ ANNUEL

a. ☐ Le propriétaire est parti pour un an.

b. ☐ Aujourd'hui le propriétaire est absent.

c. ☐ Le propriétaire est en vacances.

4

JE REVIENS TOUT DE SUITE

a. ☐ Le client doit revenir.

b. ☐ Le propriétaire est absent pour quelques minutes.

c. ☐ Le propriétaire est chez lui.

2 Regardez les vêtements et les accessoires et retrouvez leurs noms.

a. pantalon   b. veste   c. jupe   d. chemisier
e. collants   f. pull   g. ceinture   h. chapeau
i. cardigan   j. sac   k. chaussures   l. bottes

Grammaire

Les pronoms personnels compléments d'objet direct

Masculin singulier le, l'	Féminin singulier la, l'
Masculin et féminin pluriel les	

Ils remplacent le complément d'objet direct. Ils sont placés devant le verbe.

À la forme négative, *ne* précède le pronom et *pas* est placé après le verbe.

*Anne regarde **les vitrines**.*	*Anne **les** regarde.*
*Anne **ne** regarde **pas les vitrines**.*	*Anne **ne les** regarde **pas**.*

1 Complétez les phrases suivantes avec les pronoms personnels compléments d'objet direct qui conviennent.

1. Anne ...... achète pour l'hiver. (les chaussures)

2. Luc ...... voit demain. (Anne)

3. Anne ne ...... aime pas beaucoup. (les boîtes)

4. Anne ...... admire. (les monuments)

5. Suzanne ne ...... achète pas. (la robe)

6. Paul et Suzanne ...... préparent pour Anne. (l'omelette aux cèpes)

7. Paul ...... fait tous les jours. (les courses)

8. Suzanne ...... boit au bar. (le jus d'orange)

9. Paul ne ...... comprend pas. (l'allemand)

2 Reliez chaque partie du groupe A avec la partie correspondante du groupe B.

A

1. ☐ Elle connaît bien la ville, Anne ?

2. ☐ Anne admire la ville.

3. ☐ Anne voudrait des chaussures.

4. ☐ Anne met les nouvelles chaussures tout de suite.

5. ☐ Anne invite Paul et Suzanne à dîner.

6. ☐ Anne boit un café en ville.

B

a. Elle les invite au restaurant.

b. Elle le boit Place Gambetta.

c. Elle les met tout de suite.

d. Elle les voudrait pour l'hiver.

e. Non, elle ne la connaît pas très bien.

f. Elle l'admire.

Production écrite et orale

DELF
UNITÉ A1

1 Dites ce que vous mettez dans votre valise pour un week-end...

1. ... en janvier dans les Pyrénées, pour faire du ski.

2. ... en avril au Bassin d'Arcachon, pour visiter le parc ornithologique du Teich.

3. ... en juillet pour aller à la plage à Soulac.

4. ... en octobre pour faire les vendanges dans le Médoc.

DELF
UNITÉ A1

2 Comment êtes-vous habillé aujourd'hui ? Quel est votre tenue préférée ? Sportive, élégante, à la mode... ? Racontez !

CHAPITRE 4

Le journal intime [1]

Anne se trouve à Bordeaux depuis un mois déjà et elle s'est habituée à la manière de vivre des Français. Pendant la semaine, elle a ses cours à l'université, le soir, elle sort parfois avec des amis ou avec Luc. Anne et Luc sont devenus très amis : ils s'entendent très bien, font des excursions ensemble dans les alentours [2] ou bien ils vont manger au restaurant.

Aujourd'hui, c'est samedi. Paul et Suzanne sont allés voir leurs familles. Anne est toute seule et elle ne sait pas quoi faire.

Elle décide alors de ranger sa chambre. Elle enlève la poussière de son bureau et des étagères, mais, quand elle passe l'aspirateur

1. **journal intime** : compte rendu quotidien des événements personnels.
2. **les alentours** : lieux à proximité de la ville.

Le secret de Louise

sous son lit, elle heurte quelque chose.

« Mais qu'est-ce que c'est ? » se demande Anne. Elle se baisse pour mieux regarder sous le lit et elle voit un objet noir. Elle allonge sa main et le prend.

– Tiens, un journal. Qui peut l'avoir laissé ici ?

Elle essaie de l'ouvrir pour chercher le nom du propriétaire. Mais elle n'y arrive pas parce qu'il est fermé à clé.

« Très étrange », pense Anne en regardant encore sous le lit pour chercher aussi la clé, mais sans succès. Elle interrompt donc ses recherches, pose le journal sur son bureau et pense :

« Demain soir, quand Paul et Suzanne arrivent, je peux leur demander s'ils savent à qui est ce journal ».

Dimanche soir, les deux amis rentrent tout contents du week-end passé en famille et ils montrent toutes les bonnes choses préparées par leurs mères.

– Salut, Anne, disent-ils. Nous voici ! Qu'est-ce que tu as fait de beau ce week-end ?

– Oh, rien de spécial, dit Anne. Je suis restée à la maison et j'ai enfin rangé ma chambre. À propos, j'ai trouvé un journal sous mon lit. Vous savez à qui il pourrait appartenir ?

– Il appartient peut-être à Louise, répondent-ils.

– Qui est Louise ?, réplique Anne.

Paul et Suzanne se regardent, embarrassés, puis Suzanne commence à raconter.

Compréhension écrite et orale

DELF **1** **Lisez le chapitre et indiquez si les affirmations suivantes sont**
UNITÉ A2 **vraies (V) ou fausses (F).**

	V	F
1. Anne vit à Bordeaux depuis un an.	☐	☐
2. Anne n'aime pas Luc.	☐	☐
3. Paul et Suzanne sont allés dans leurs familles.	☐	☐
4. Anne trouve un collier sous son lit.	☐	☐
5. Paul et Suzanne reviennent la semaine prochaine.	☐	☐
6. Quand ils reviennent, Paul et Suzanne apportent des choses à manger.	☐	☐
7. Pendant le week-end, Anne est allée à la mer.	☐	☐

2 **Écoutez l'enregistrement et faites une liste de ce que Paul et**
DELF **Suzanne ont apporté de chez eux.**
UNITÉ A1

....

....

....

....

....

....

Grammaire

Les pronoms personnels compléments d'objet indirect

Masculin et féminin singulier
lui
Masculin et féminin pluriel
leur

Ils remplacent le complément d'objet indirect. Ils sont placés devant le verbe.

On utilise la même forme pour le masculin et le féminin.

Anne demande à Suzanne d'acheter le pain.
Anne lui demande d'acheter aussi du lait.

1 Complétez le texte suivant avec les pronoms personnels compléments d'objet direct et indirect.

Aujourd'hui, Anne veut visiter Bordeaux. Les monuments de la ville ...... intéressent beaucoup. Les rues et ruelles du Vieux Bordeaux ...... fascinent et les vitrines des magasins aussi. Aujourd'hui, elle veut acheter des chaussures pour l'hiver. Elle entre dans un magasin de chaussures : la vendeuse ...... fait essayer plusieurs paires. Certaines sont très belles, mais un peu trop chères. Elle trouve enfin une paire qui ...... va bien et ne coûte pas trop cher. Anne ...... achète et ...... met.

2 Refaites l'exercice en remplaçant Anne par Luc.

Enrichissez votre vocabulaire

1 **Donnez la signification des expressions suivantes.**

1. Ils s'entendent très bien.

2. Elle heurte quelque chose.

3. Elle essaie de l'ouvrir.

4. Paul et Suzanne se regardent, embarrassés.

Production écrite et orale

DELF
UNITÉ A1 **1** Le soir, Anne sort avec ses amis ou avec Luc. Et vous, comment passez-vous vos soirées ? Racontez !

DELF
UNITÉ A1 **2** Écrivez un événement spécial dans votre journal...

....

....

....

....

....

....

L'Aquitaine

L'Aquitaine possède un cadre naturel exceptionnel qu'il faut préserver : un beau littoral, de la côte d'Argent à la côte Basque et des pinèdes.

Contrairement à la côte méditerranéenne, les 230 kilomètres de littoral ensoleillé et bordé de sable fin de l'Aquitaine sont les mieux préservés de France. Même si la situation aujourd'hui a changé, les collectivités ont su résister aux offres des bétonneurs.

L'érosion est un autre facteur de détérioration de l'environnement. À cela s'ajoutent les activités humaines telles que les papeteries et les usines de la cellulose qui sont de grandes consommatrices d'eau.

Sans oublier les effets catastrophiques des marées noires. En

décembre 2002, le pétrole du Prestige a commencé à se répandre sur les plages de la région. Plus optimiste que ces considérations, le plan Natura 2000 permet de mieux protéger la faune et la flore de la région grâce au classement d'une soixantaine de sites.

39

L'environnement humide abrite des renoncules, des nénuphars, des roseaux, des saules et des aulnes.

Dans la forêt landaise, on rencontre des chênes et des hêtres, de même que de la bruyère, des ajoncs et des genêts.

De la Gironde aux Pyrénées, toute la région est traversée par les grandes voies migratoires, empruntées par la plupart des oiseaux du Nord de l'Europe, du Groenland et du Nord du Canada.

Cependant, la chasse, la disparition de l'agriculture traditionnelle et l'urbanisation mettent en danger les espèces sauvages.

C'est pourquoi les collectivités locales et les institutions européennes prennent des initiatives pour créer des réserves protégées.

Compréhension écrite

1 Après avoir lu le dossier, dites si les affirmations suivantes sont vraies (V) ou fausses (F).

	V	F
1. Le littoral aquitain mesure 230 kilomètres de long.	☐	☐
2. Il n'y a pas beaucoup de touristes dans cette région.	☐	☐
3. L'érosion ne contribue pas à la détérioration de l'environnement.	☐	☐
4. Le plan Natura 2000 permet de mieux protéger la région.	☐	☐

Production orale

1 Le réseau Natura 2000 a pour objectif de contribuer à préserver la diversité biologique sur le territoire de l'Union européenne.

À l'aide d'un moteur de recherche, entrez dans le site de Natura 2000, selectionnez une région de France et présentez-la.

Projet Internet

Grâce à un moteur de recherche, lancez une recherche sur Internet sur le parc ornithologique du Teich.

- Faites une présentation générale du parc : situation, date de création, étendue, milieux naturels présents, nombre d'espèces recensées.

- Pour avoir un aperçu de la réserve, cliquez sur « La visite » et entrez dans « Visite virtuelle ». Ensuite, cliquez sur les différents points d'observation du parc et relevez les caractérisques des oiseaux présentés.

- Que propose encore le parc du Teich ?

CHAPITRE 5

Louise

Louise, dit Suzanne, est une étudiante comme nous, qui occupait ta chambre avant toi.

– Puis, un beau jour, continue Paul, elle nous a communiqué qu'elle avait trouvé un petit studio [1] ailleurs. Et elle a emporté [2] ses affaires très rapidement. Elle est partie sans nous dire au revoir. Pour cette raison elle a peut-être oublié son journal.

– Eh oui, ajoute Suzanne, nous avons beaucoup regretté. Mais maintenant que tu es là nous sommes très contents.

– C'est bizarre, dit Anne. Elle ne s'est pas rendue compte d'avoir oublié son journal. Vous avez son adresse ou son numéro de téléphone ?

---

1. **studio** : petit appartement d'une seule pièce.
2. **emporter** : prendre avec soi.

Les deux amis se regardent à nouveau.

– Non, nous sommes désolés. Comme nous t'avons déjà dit, nous sommes rentrés et nous ne l'avons plus trouvée.

Alors Anne s'aperçoit [1] qu'ils n'ont pas trop envie de continuer à parler et elle change de sujet.

Mais elle se dit : « Quelle histoire bizarre ! Il y a quelque chose qui ne va pas. Dès que je suis seule, je lis le journal pour en savoir davantage. »

En attendant, elle le cache [2] en lieu sûr.

1. **s'apercevoir** : se rendre compte.
2. **cacher** : mettre dans un endroit qu'on ne peut pas trouver.

Compréhension écrite et orale

DELF

UNITÉ A1 **1 Écoutez l'enregistrement du chapitre et indiquez si les affirmations suivantes sont vraies (V) ou fausses (F).**

	V	F
1. Louise est vendeuse.	☐	☐
2. Maintenant, Louise vit à Poitiers.	☐	☐
3. Paul et Suzanne sont contents de partager leur appartement avec Anne.	☐	☐
4. Paul et Suzanne connaissent la nouvelle adresse de Louise.	☐	☐
5. Paul et Suzanne n'ont pas envie de parler de Louise.	☐	☐
6. Anne ne s'intéresse plus au journal et le jette.	☐	☐

2 Maintenant relisez le chapitre et racontez l'histoire de Louise.

Grammaire

Les adjectifs possessifs

	singulier		pluriel	
mon	ma	notre	mes	nos
ton	ta	votre	tes	vos
son	sa	leur	ses	leurs

L'adjectif possessif s'accorde en genre et en nombre avec le nom qu'il précède.

Attention ! Devant les noms féminins commençant par une voyelle ou un **h** muet, les possessifs **ma**, **ta**, **sa** deviennent **mon**, **ton**, **son**.

mon amie   *son histoire*

1 **Complétez les phrases suivantes avec les adjectifs possessifs qui conviennent.**

1. Louise occupait ...... chambre, disent Paul et Suzanne.

2. Louise a emporté ...... affaires très rapidement.

3. Paul et Suzanne n'ont pas ...... adresse.

4. ...... crêpes sont délicieuses ! dit Anne à Paul.

5. Anne est à Bordeaux pour améliorer ...... connaissance du français.

6. Paul va voir ...... famille à la Toussaint.

7. ...... mère a préparé beaucoup de bonnes choses.

8. ...... parents sont très gentils, dit Anne à Paul et Suzanne.

9. Aujourd'hui, je dois ranger ...... chambre, pense Anne.

10. Samedi soir, nous pouvons sortir avec ...... amis, propose Luc.

2 **Répondez aux questions suivantes en utilisant les adjectifs possessifs.**

1. C'est la chambre d'Anne ? Oui, c'est ..... chambre.

2. Ce sont les affaires de Paul et Suzanne ? Oui, ce sont ..... affaires.

3. C'est bien le journal de Louise ? Oui, c'est ..... journal.

4. Tu as le numéro de téléphone de Louise ? Non, je n'ai pas ..... numéro de téléphone.

5. Ce n'est pas l'adresse de Paul ? Non, ce n'est pas ..... adresse.

6. C'est ton pull ? Non, ce n'est pas ..... pull.

7. Tu as pris le livre de Paul et Suzanne ? Oui, j'ai pris ..... livre.

8. Il a rencontré l'ami de Anne ? Non, il n'a pas rencontré ..... ami.

③ La mère de Suzanne a écrit la recette du gâteau basque.
Complétez-la avec les pronoms personnels qui conviennent.

Gâteau basque

Ingrédients pour 4 personnes :

150 g de farine
100 g de sucre
1 œuf
1 pincée de sel
100 g de beurre
1 zeste de citron
confiture de cerises

Mettez la farine, le sucre, l'œuf et le sel dans une terrine. Mélangez-...... . Coupez le beurre en morceaux et incorporez-...... . Ajoutez le citron. Faites une boule et laissez-...... reposer 1 heure au frigo. Séparez la pâte : étalez la partie la plus grosse dans un moule beurré. Remplissez-...... avec la confiture de cerises.

Recouvrez le gâteau avec le reste de la pâte. Percez-...... avec une fourchette. Faites cuire le gâteau à four moyen pendant 45 minutes. Laissez-...... refroidir avant de servir.

Dites si les affirmations suivantes sont vraies (V) ou fausses (F).

		V	F
1.	Il faut 3 œufs.	☐	☐
2.	Il ne faut pas laisser reposer la pâte.	☐	☐
3.	Le beurre est coupé en morceaux.	☐	☐
4.	Le gâteau est rempli de confiture de cerises.	☐	☐
5.	Il faut servir le gâteau très chaud.	☐	☐

Enrichissez votre vocabulaire

1 Cherchez dans le dictionnaire les mots que vous ne connaissez pas et indiquez avec ✗ ceux qui font partie de la recette du gâteau basque.

1. a. ☐ mêler   b. ☐ mélanger   c. ☐ ménager

2. a. ☐ morceaux   b. ☐ mordant   c. ☐ morveux

3. a. ☐ étamer   b. ☐ étirer   c. ☐ étaler

4. a. ☐ moufle   b. ☐ mousse   c. ☐ moule

5. a. ☐ cerise   b. ☐ cerne   c. ☐ césure

6. a. ☐ percher   b. ☐ percer   c. ☐ percuter

7. a. ☐ fournaise   b. ☐ fourchette   c. ☐ fourrure

8. a. ☐ refroidir   b. ☐ réfrigérer   c. ☐ réfréner

Production écrite et orale

DELF **1** Suzanne donne la recette du gâteau basque à Anne. Expliquez-la
UNITÉ A1   en utilisant la deuxième personne du singulier.

DELF **2** Vous connaissez une recette traditionnelle de votre pays ?
UNITÉ A1   Écrivez-la à votre correspondant français.

....

....

....

....

....

....

....

CHAPITRE 6

Une étrange découverte

L e week-end suivant, Anne est de nouveau seule. Ce sont les vacances de la Toussaint [1] et Suzanne et Paul sont dans leurs familles.

Anne est curieuse et décide de lire le journal. Après quelques difficultés, elle réussit à l'ouvrir et commence la lecture.

Louise étudie l'archéologie et travaille au Musée d'Aquitaine à ses moments libres. Elle classe les nouvelles découvertes gauloises faites aux alentours de la ville. Ses notes sont plutôt ennuyeuses.

Anne est déçue et décide d'arrêter sa lecture pour faire une

---

1. **Toussaint** : fête catholique de tous les saints (1er Novembre).

promenade en ville. Dehors c'est une belle journée.

Par hasard, son regard tombe sur une page pleine de taches [1] et mal écrite.

Bordeaux, le 14 septembre

Je ne sais pas quoi faire, je suis désespérée, ils m'ont découverte.

Laurent m'a téléphoné « Ils veulent savoir ce qu'est devenu le collier ! ». J'ai fait comme si je ne savais pas. Mais il ne m'a pas cru et il s'est énervé. Il m'a menacé de tout raconter. J'ai peur. J'ai de gros problèmes, je dois partir.

Comment j'ai pu rentrer dans leur jeu ? Je ne sais pas quoi faire.

Je dois partir !!!

Anne est très surprise et ne sait que penser.

1. **tache** : marque d'une couleur différente.

Compréhension écrite et orale

DELF ①
UNITÉ A1
Écoutez et dites si les affirmations suivantes sont vraies (V) ou fausses (F).

	V	F
1. Paul et Suzanne passent le week-end avec Anne.	☐	☐
2. Ce sont les vacances de la Toussaint.	☐	☐
3. Anne n'a pas de problème à ouvrir le journal intime.	☐	☐
4. Louise est étudiante en archéologie à Bordeaux.	☐	☐
5. Louise a peur et doit s'enfuir.	☐	☐
6. Anne sait quoi faire.	☐	☐
7. Anne ne s'intéresse pas au journal intime de Louise.	☐	☐
8. Anne décide de sortir se promener en ville.	☐	☐

DELF ②
UNITÉ A1
Écoutez de nouveau l'enregistrement et remplissez la fiche signalétique de Louise. Lorsque l'indication n'est pas donnée, mettez un point d'interrogation (?).

Nom :

Prénom :

Nationalité :

Études :

Travail :

Passion :

Prénom(s) de son (ses) ami(s) :

3 **Reliez les deux parties de phrase.**

1. ☐ Ce sont les vacances de la Toussaint,

2. ☐ Anne est très curieuse

3. ☐ Par hasard

4. ☐ Louise étudie l'archéologie

a. elle tombe sur une page mal écrite.

b. Paul et Suzanne sont dans leurs familles.

c. et durant son temps libre travaille au musée.

d. et décide de lire le journal.

4 **Lisez le journal de Louise et complétez le texte avec les mots qui manquent.**

1. Je ne sais pas .... faire, je suis désespérée, ils m'ont ....

2. .... m'a téléphoné « Ils veulent savoir où est le .... ».

3. J'ai fait .... je ne savais pas.

4. Il m'a menacé de tout ....

5. J'ai de gros ...., je dois ....

6. Pourquoi je me suis pris au .... ?

Enrichissez votre vocabulaire

1 **Que signifient les expressions suivantes ?**

1. *faire comme si :*

   a. ☐ faire semblant

   b. ☐ dire oui

2. *se prendre au jeu :*

   a. ☐ perdre en jouant

   b. ☐ s'intéresser à une question

Grammaire

1 **Complétez avec la préposition qui convient.**

1. Anne se trouve à Bordeaux grâce à une bourse .... études.
   a. ☐ d' **b.** ☐ pour **c.** ☐ aux **d.** ☐ par

2. .... boîte, la musique est très forte.
   a. ☐ à **b.** ☐ en **c.** ☐ dans **d.** ☐ pour

3. Les deux amis commencent .... parler.
   a. ☐ pour **b.** ☐ à **c.** ☐ en **d.** ☐ de

4. Luc est policier .... une unité spéciale.
   a. ☐ dans **b.** ☐ en **c.** ☐ pour **d.** ☐ d'

5. Ils échangent leurs numéros .... téléphone.
   a. ☐ par **b.** ☐ de **c.** ☐ d' **d.** ☐ en

6. Anne décide .... lire le journal.
   a. ☐ de **b.** ☐ à **c.** ☐ pour **d.** ☐ a

Production écrite et orale

DELF 1
UNITÉ A1
Aujourd'hui, vous êtes libre. Choisissez parmi les activités proposées celle que vous préférez et dites pourquoi.

> faire une promenade   rester à la maison et lire un livre
> aller au cinéma   inviter des amis à déjeuner ou dîner

DELF 2
UNITÉ A1
En France, le 1ᵉʳ novembre c'est le jour de la Toussaint, le lendemain on commémore les défunts et on va au cimetière porter des chrysanthèmes. Que fait-on dans votre pays ? Racontez en quelques mots.

CHAPITRE 7

Luc, un
véritable ami

A nne ne peut s'empêcher [1] de penser à Louise et à ses problèmes.

Elle a une idée : « J'appelle Luc. Il s'occupe de ce genre d'affaire. Il peut peut-être m'aider. »

Anne prend le téléphone et fait le numéro du commissariat.

– Allô, bonjour, je m'appelle Anne Schneider. Je voudrais parler au lieutenant Luc Maurin, s'il vous plaît.

– Ne quittez pas, je vous le passe.

Luc lui répond et elle lui dit :

– J'ai besoin de ton aide. On peut se voir cet après-midi ?

– Bien sûr, Anne. Tu as un problème ?

---

1. **s'empêcher** : ne pas se retenir.

Le secret de Louise

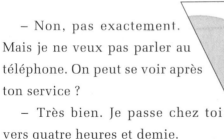

– Non, pas exactement. Mais je ne veux pas parler au téléphone. On peut se voir après ton service ?

– Très bien. Je passe chez toi vers quatre heures et demie.

À quatre heures et demie exactement, Luc sonne chez Anne. Elle lui raconte l'histoire de Louise et lui montre le journal.

– Mon Dieu, quelle affaire ! Luc réfléchit et ajoute :

– Tu sais ce qu'on va faire ? Mardi, c'est mon jour de repos, et si tu as du temps toi aussi, on peut aller au musée et regarder un peu.

– Bonne idée, répond Anne, mais je suis inquiète [1] pour Louise.

– Ne t'inquiète pas, c'est une fille courageuse, elle n'est pas en danger.

1. **être inquiet** : être préoccupé.

Compréhension écrite et orale

DELF ① UNITÉ A2

1 Lisez le chapitre et dites si les affirmations suivantes sont vraies (V) ou fausses (F).

	V	F
1. Anne téléphone à Luc.	☐	☐
2. Anne raconte toute l'histoire à Luc.	☐	☐
3. Luc arrive en retard chez Anne.	☐	☐
4. Le jour de congé de Luc est le vendredi.	☐	☐
5. Anne et Luc vont au musée d'art moderne.	☐	☐
6. Luc pense que Louise n'est pas en danger.	☐	☐

2 Écoutez les dialogues et indiquez l'heure dans les cadrans.

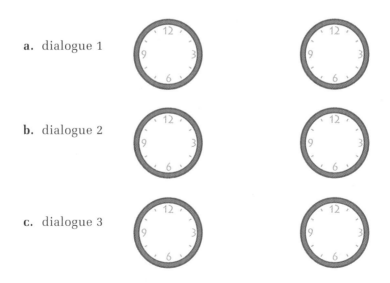

a. dialogue 1

b. dialogue 2

c. dialogue 3

Enrichissez votre vocabulaire

1 **Trouvez la signification des mots ou des expressions suivantes.**

1. Anne ne peut s'empêcher de penser à Louise.
   - **a.** ☐ Anne ne pense pas à Louise.
   - **b.** ☐ Anne pense à Louise.
   - **c.** ☐ Anne arrête Louise.

2. Il s'occupe de ce genre d'affaire.
   - **a.** ☐ Il connaît ces problèmes.
   - **b.** ☐ Il a un magasin.
   - **c.** ☐ Il ne comprend pas la situation.

3. On peut se voir après ton service.
   - **a.** ☐ On peut se voir après ton travail.
   - **b.** ☐ On se voit demain.
   - **c.** ☐ On ne peut pas se voir aujourd'hui.

4. C'est mon jour de repos.
   - **a.** ☐ Je dois travailler.
   - **b.** ☐ Je ne travaille pas.
   - **c.** ☐ Je dois partir.

Production orale

DELF
UNITÉ A1 **1** **À votre tour, donnez votre emploi du temps et dites quel jour vous êtes libre pour pratiquer vos activités préférées.**

Grammaire

Les articles contractés

Les prépositions **à** et **de** se transforment devant les articles définis masculin singulier (**le**) et masculin ou féminin pluriel (**les**).

Ils vont à le cinéma = *Ils vont **au** cinéma.*

Elle parle à les policiers. = *Elle parle **aux** policiers.*

Elle parle à les vendeuses. = *Elle parle **aux** vendeuses.*

Tu manges de le pain. = *Tu manges **du** pain.*

Voilà les livres de les amis. = *Voilà les livres **des** amis.*

Au, aux, du et **des** sont des articles contractés.

---

1 **Complétez les phrases avec les articles contractés qui conviennent.**

1. Ce week-end, Anne ne veut pas aller .... cinéma.

2. Anne fait le numéro .... police.

3. Le week-end .... Toussaint, les gens restent en famille.

4. Je ne veux pas aller .... restaurant, je préfère manger .... maison.

5. Tu vas .... théâtre ce soir ?

2 **Complétez le texte en conjuguant les verbes à la forme convenable.**

Anne (*ne pas pouvoir*) .... s'empêcher de penser à Louise. Elle (*avoir*) .... une idée et (*téléphoner*) .... à Luc qui (*s'occuper*) .... de ce genre d'affaires. Le lendemain, il (*aller*) .... chez Anne et (*écouter*) .... toute l'histoire.

CHAPITRE 8

Au musée

Le musée se trouve dans l'ancienne université de lettres mais l'intérieur a été totalement aménagé [1] pour les besoins des collections. C'est un bâtiment très grand et très intéressant. Les deux amis commencent leur visite.

– Il n'y a pas beaucoup de monde aujourd'hui, dit Luc.

– Tant mieux, comme ça personne ne nous dérange, répond Anne.

Ils ne trouvent rien de bizarre et décident de partir. Mais avant, Anne veut acheter des cartes postales. Pendant qu'elle choisit, le téléphone de la caisse sonne. L'employée répond, puis appelle un des gardiens.

– Laurent ! Téléphone ! C'est pour toi.

---

1. **aménager** : arranger, installer.

Anne est surprise :

– Louise parle d'un Laurent dans son journal, non ?

Alors les deux amis se cachent derrière le présentoir des cartes postales et observent la scène.

Laurent est jeune et a l'air sympathique. Mais pendant la conversation téléphonique il pâlit et semble très nerveux.

– Merci, Sandra, dit-il à la fin. Je dois partir tout de suite. Il y a un problème chez moi. Tu peux le dire au directeur ?

Luc et Anne décident alors de suivre Laurent.

Compréhension orale

DELF ❶

UNITÉ A1 **Écoutez l'enregistrement du chapitre et dites si les affirmations suivantes sont vraies (V) ou fausses (F).**

	V	F
1. Le musée archéologique se trouve dans un bâtiment moderne.	☐	☐
2. Le musée est très grand.	☐	☐
3. Aujourd'hui, il y a beaucoup de visiteurs.	☐	☐
4. Anne veut acheter un livre sur l'art du Moyen Âge.	☐	☐
5. Anne achète des cartes postales.	☐	☐
6. La vendeuse de la librairie s'appelle Stéphanie.	☐	☐
7. Le gardien s'appelle Laurent.	☐	☐
8. Il rougit en répondant au téléphone.	☐	☐
9. Anne et Luc décident de suivre le gardien.	☐	☐

❷ **Lisez le chapitre et complétez les phrases.**

1. Le musée se trouve dans .... université de lettres.

2. C'est un .... très grand et très ....

3. Il n'y a pas .... de monde.

4. C'est mieux, comme ça .... ne dérange les deux amis.

5. Ils ne trouvent .... de bizarre.

6. « Laurent ! Téléphone, c'est pour .... ! »

Enrichissez votre vocabulaire

1 **D'après les définitions, retrouvez les mots de l'encadré.**

> issues de secours   alarme   librairie/boutique de souvenirs
> tableaux   caisse   salles

1. Elle se trouve à l'entrée du musée mais les visiteurs s'y rendent à la fin de leur visite pour acheter des cartes postales ou des livres : c'est la ....

2. On y achète les billets pour entrer dans le musée : c'est la ....

3. Les pièces où sont exposées les œuvres d'art : ce sont les ....

4. En cas d'incendie, les visiteurs doivent utiliser les ....

5. Les .... sont accrochés aux murs.

6. En cas de vol, l'............... se met à sonner.

Grammaire

Très ou beaucoup ?

Le musée est très grand, il y a beaucoup de tableaux.

Très et **beaucoup** sont des adverbes qui indiquent le **degré de quantité et d'intensité.**

- **Très** est employé devant les adjectifs et les adverbes. C'est la marque du **superlatif absolu.**

     *Laurent a l'air **très** sympathique, mais il semble **très** nerveux.*

- **Beaucoup** est employé avec des substantifs : il exprime une **idée de quantité.**

     *Louise a **beaucoup** de problèmes.*

Quand le verbe est à une forme composée, **beaucoup** se met entre l'auxiliaire et le participe passé.

*Anne a **beaucoup** mangé.*

Attention ! Dans certaines expressions (avoir faim, avoir soif, avoir envie...), on utilise l'adverbe **très** pour marquer **l'intensité**.
*Anne a **très** envie de découvrir la vérité.*

1 Complétez avec *beaucoup, beaucoup de* (*d'*) ou *très*.

Anne est .... ennuyée pour Louise. Mais c'est une fille .... courageuse. Elle téléphone à Luc qui connaît .... bien ces situations. Il a arrêté .... bandits. Les deux amis, qui s'entendent .... bien, vont au musée. C'est un bâtiment .... grand et .... intéressant. Il n'y a pas .... monde aujourd'hui. Anne aime .... le musée et elle achète .... cartes postales pour envoyer à ses amis.

Production orale

1 **Anne achète une carte postale du musée pour sa mère. Aidez-la à l'écrire en vous servant des mots de l'encadré.**

[ami   visité   antique   étrange   intéressant   grand]

Maman,
Avec mon .... Laurent, nous avons .... le musée d'Aquitaine. Il est très .... et très .... Il y a de beaux objets d'art .... Mais il nous arrive une aventure .... Je te raconte la prochaine fois.
Je t'embrasse
                    Anne

DELF **2** **Téléphonez à un(e) ami(e) français(e) et racontez-lui une visite dans un musée. Jouez la scène.**
UNITÉ A1

CHAPITRE 9

La poursuite **1**

Anne et Luc montent dans la voiture et commencent à suivre Laurent. La circulation est dense à cette heure-ci, le garçon conduit très vite et double **2** toutes les voitures. Il brûle un feu rouge **3** tandis que les deux amis s'arrêtent et le perdent de vue.

– Ah non ! s'exclame Anne, qu'est-ce qu'on fait maintenant ?

– Ne t'inquiète pas. C'est une impasse ; au bout il y a une ancienne usine **4**.

En effet, ils arrivent devant un bâtiment délabré et voient la

---

1. **poursuite** : courir derrière quelqu'un, suivre quelqu'un.
2. **doubler** : dépasser.
3. **brûler un feu rouge** : ne pas s'arrêter au feu rouge.
4. **usine** : bâtiment où on fabrique des objets avec des machines.

voiture de Laurent. Ils se garent [1] un peu plus loin, descendent et se cachent.

Luc prend son revolver et s'approche sans faire de bruit. Ils

1. **se garer** : ranger sa voiture, stationner dans un parking.

tournent autour du bâtiment et entendent un cri. De la fenêtre, ils voient Laurent ligoté comme un saucisson [1] et trois hommes avec des revolvers.

1. **ligoter comme un saucisson** : attacher solidement avec des cordes.

Compréhension écrite et orale

DELF ① UNITÉ A1 **Écoutez l'enregistrement du chapitre et dites si les affirmations suivantes sont vraies (V) ou fausses (F).**

	V	F
1. Il n'y a pas beaucoup de circulation dans les rues.	☐	☐
2. Laurent conduit dangereusement.	☐	☐
3. Luc brûle un feu rouge.	☐	☐
4. Anne et Luc arrivent près d'une vieille maison.	☐	☐
5. Laurent est ligoté comme un saucisson.	☐	☐

DELF ② UNITÉ A1 **Écoutez de nouveau l'enregistrement et choisissez la bonne réponse.**

1. Laurent conduit
   a. ☐ très lentement.
   b. ☐ très prudemment.
   c. ☐ très vite.

2. Les deux amis
   a. ☐ perdent de vue la voiture de Laurent.
   b. ☐ perdent leur voiture.
   c. ☐ perdent de l'argent.

3. Au bout de la rue, il y a
   a. ☐ un restaurant.
   b. ☐ une maison abandonnée.
   c. ☐ une vieille usine.

4. Les amis
   a. ☐ se cachent.
   b. ☐ se rangent.
   c. ☐ se rendent.

5. Luc prend
   a. ☐ de l'argent.
   b. ☐ son révolver.
   c. ☐ son téléphone.

6. Laurent est ligoté comme
   a. ☐ une saucisse.
   b. ☐ un saucisson.
   c. ☐ un jambon.

③ Lisez l'article suivant et répondez aux questions.

UNITÉ A2

Trois tableaux de Van Gogh, Picasso et Gauguin disparus dans la nuit de samedi à dimanche de la Whitworth Art Gallery de Manchester (nord de l'Angleterre) ont été découverts lundi matin dans des toilettes publiques près de la galerie.

Les aquarelles de Vincent Van Gogh, *Les fortifications de Paris avec maisons* (1878), de Pablo Picasso intitulée *Pauvreté* (1903), et de Paul Gauguin *Paysage tahitien* (peinte entre 1891 et 1893), semblent avoir un peu souffert.

Ces œuvres sont estimées à environ 5,8 millions d'euros.

La police a reçu un appel anonyme dans la nuit de dimanche à lundi (à deux heures du matin) qui l'a conduite dans des toilettes publiques situées à 200 mètres de la galerie, où les peintures ont été retrouvées, enroulées dans un étui de carton.

L'étui était accompagné d'un message qui disait : « Nous n'avons pas l'intention de voler ces peintures, juste tester les faiblesses du dispositif de sécurité ». Mais les peintures ont été endommagées à la suite du vol.

Pourtant « […] les trois œuvres devraient être exposées à nouveau dans deux semaines », a indiqué un porte-parole du musée.

1. Ce texte est

    a. ☐ un article de journal.

    b. ☐ une présentation de film.

    c. ☐ un extrait de roman.

2. Les tableaux volés sont

    a. ☐ trois tableaux de Gauguin.

    b. ☐ un tableau de Van Gogh, un de Gauguin et un de Picasso.

    c. ☐ un tableau de Monet.

3. Le musée se trouve

    a. ☐ à Manchester.

    b. ☐ à Londres.

    c. ☐ à Paris.

4. Les tableaux ont été retrouvés dans

    a. ☐ la galerie du musée.

    b. ☐ dans la rue.

    c. ☐ dans des toilettes publiques.

5. Les tableaux de Gauguin et de Picasso ont été endommagés par

    a. ☐ l'étui.

    b. ☐ la pluie.

    c. ☐ le verre.

6. Les tableaux seront exposés à nouveau dans

    a. ☐ deux mois.

    b. ☐ deux semaines.

    c. ☐ douze semaines.

DELF ❹
UNITÉ A2

Lisez les affirmations suivantes concernant l'article et dites si elles sont vraies (V) ou fausses (F). Si le texte ne vous permet pas de répondre mettez un point d'interrogation (?).

	V	F	?
1. L'œuvre de Van Gogh est une aquarelle.	☐	☐	☐
2. Le tableau de Gauguin s'intitule *Paysage italien*.	☐	☐	☐
3. Les tableaux n'ont pas souffert.	☐	☐	☐
4. La valeur du tableau de Picasso est d'un million d'euros.	☐	☐	☐
5. L'intention des voleurs était de revendre les tableaux.	☐	☐	☐
6. Les voleurs ont été arrêtés.	☐	☐	☐
7. Le dispositif de sécurité du musée n'a pas fonctionné.	☐	☐	☐
8. Les tableaux ont été transportés dans un étui en carton.	☐	☐	☐

Production écrite et orale

DELF ❶
UNITÉ A1

Vous venez de lire cet article. Envoyez un courriel à un(e) ami(e) pour lui raconter ce fait divers.

❷ Savez-vous que la Joconde a été volée au Louvre en 1911 ? Pour en savoir plus sur les vols d'œuvres d'art, lancez une recherche sur Internet et présentez ce que vous découvrez.

DELF ❸
UNITÉ A2

Faites la description du tableau présenté dans l'article.

CHAPITRE **10**

La fin du mystère

Luc réagit tout de suite, entre par la fenêtre et crie :
– Police ! Que personne ne bouge ! Les mains en l'air ! La surprise est totale. Un des bandits pointe [1] son révolver sur Luc et tire, mais ce dernier est plus rapide et le touche à la main. Les deux autres ont peur et s'enfuient.

Anne aide Luc à détacher Laurent qui a eu peur.

– Que fais-tu ici ? Et qui sont les autres ? demande Luc.

– Je ne parle qu'en présence de mon avocat, répond Laurent.

– D'accord, comme tu veux. On s'en va et on te laisse ici, seul.

---

1. **pointer** : diriger.
2. **s'enfuir** : s'échapper.

Le secret de Louise

Alors Laurent commence à parler.

– Je travaille avec une étudiante en archéologie...

Anne l'interrompt :

– Elle s'appelle Louise, par hasard ?

– Comment tu le sais ? demande Laurent.

Anne ne répond pas et Laurent continue :

– Au musée, Louise classe les objets qui arrivent des fouilles archéologiques [1]. Un jour, on a eu l'idée de vendre les plus précieux pour gagner de l'argent.

– Et qui vous les achète ?

– Les trois personnes que vous avez vues appartiennent à un groupe qui achète ces objets et les vend à l'étranger. Il y a quelques mois, Louise a classé un collier d'une grande valeur et elle m'a proposé de le vendre sans passer par ces trafiquants [2] pour gagner plus d'argent. Après avoir un peu réfléchi, j'ai accepté.

– Et puis ? demande Luc.

– Et puis, et puis... Louise a vendu le collier seule sans rien dire et elle a disparu. Maintenant, la bande est en colère contre moi et veut le collier. Ils ont menacé de me tuer.

Luc emmène Laurent au commissariat et raccompagne Anne chez elle.

– Quelle sale [3] histoire ! Et qui sait où est Louise ? Et le

---

1. **fouilles archéologiques** : recherches dans les ruines des anciennes civilisations.
2. **trafiquant** : personne qui fait du trafic, du commerce interdit par la loi.
3. **sale** : ici, désagréable.

collier ? Pauvre Laurent !

– Ne t'en fais pas. On finira par retrouver Louise, lui répond Luc.

Plus tard, la police retrouve la jeune fille qui se cachait dans un village avant de fuir à l'étranger.

Cette aventure renforce les liens entre Luc et Anne qui deviennent inséparables.

Cependant, le séjour de Anne à Bordeaux touche à sa fin et elle doit retourner dans sa famille. Pourtant les deux amis continuent à se voir régulièrement : Anne rend visite à Luc, qui à son tour va souvent en Allemagne.

Un soir, ils dînent dans un joli restaurant de Bordeaux et Luc donne un paquet à Anne.

– Tiens, ouvre, c'est pour toi !

Anne est émue [1] et surprise en découvrant une très belle parure de style antique. « Luc serait-il un voleur ? » Luc la rassure tout de suite :

– Mais qu'est-ce que tu t'imagines ? C'est une reproduction, faite pour toi en souvenir de ton séjour.

Elle aussi a un cadeau pour son ami :

– J'ai décidé de m'installer à Bordeaux, tu es content ?

– Oh oui...

Anne est heureuse.

Les deux jeunes gens rient et imaginent leur avenir dans la même ville.

---

1. **émue** : remplie d'émotion.

Compréhension écrite et orale

DELF
UNITÉ A1
1 Écoutez l'enregistrement du chapitre et dites si les affirmations suivantes sont vraies (V) ou fausses (F).

	V	F
1. Luc entre par la porte.	☐	☐
2. Anne est blessée à la main.	☐	☐
3. Laurent veut parler à son avocat.	☐	☐
4. Laurent fait du trafic d'œuvres d'art avec Louise.	☐	☐
5. Laurent accepte de parler sans son avocat.	☐	☐
6. Louise a été assassinée.	☐	☐

2 Lisez le chapitre et répondez aux questions.

1. Que fait Laurent avec les trois bandits ?
2. Pourquoi Louise et Laurent revendent les œuvres d'art ?
3. Pourquoi les trafiquants menacent Laurent ?
4. Où s'est réfugiée Louise ? Pourquoi ?
5. Pourquoi Anne repart en Allemagne ?

DELF
UNITÉ A1
3 Anne et Luc sont au restaurant. Écoutez l'enregistrement et cochez les plats qu'ils choisissent.

a. ☐ salade verte		**h.** ☐ agneau au thym
b. ☐ jambon cru et melon		**i.** ☐ vin blanc
c. ☐ foie gras		**j.** ☐ bière
d. ☐ légumes		**k.** ☐ vin rouge
e. ☐ fraises		**l.** ☐ tarte Tatin
f. ☐ steak		**m.** ☐ mousse au chocolat
g. ☐ magret de canard		**n.** ☐ gâteau au chocolat

1 **Remettez dans l'ordre les phrases et écrivez le résumé de l'histoire.**

a. ☐ Anne ne pense pas à Louise.

b. ☐ Louise et Laurent volent des objets antiques pour les vendre.

c. ☐ Anne est allemande et étudie à l'université de Bordeaux.

d. ☐ Anne et Luc vont au musée d'Aquitaine.

e. ☐ Anne et Luc rencontrent par hasard Laurent qui travaille au musée.

f. ☐ Anne rencontre Luc en boîte.

g. ☐ Après leur aventure, Anne et Luc se voient très souvent.

h. ☐ Anne et Luc poursuivent Laurent en voiture.

i. ☐ Anne trouve dans sa chambre le journal intime de Louise.

j. ☐ Anne et Luc libèrent Laurent des mains des bandits.

k. ☐ Anne s'installe à Bordeaux.

2 **Dites si les affirmations suivantes sont vraies (V) ou fausses (F).**

	V	F
1. Anne est allemande.	☐	☐
2. Luc est policier.	☐	☐
3. Suzanne est étudiante en pharmacie.	☐	☐
4. Paul est de Périgueux.	☐	☐
5. Louise est gardienne au musée d'Aquitaine.	☐	☐

3 **Vous êtes dans un restaurant en France, le serveur vient prendre votre commande. Jouez la scène avec un camarade.**

À l'époque romaine, Bordeaux porte le nom de Burdigala.
Lancez une recherche croisée sur Internet : monde des Celtes/
Burdigala/musée d'Aquitaine. Entrez dans le musée d'Aquitaine
en cliquant sur Burdigala.

Cliquez sur « présentation » et répondez aux questions.

1. Que représente Bordeaux à l'époque romaine ?

2. Pourquoi l'autel des « Bituriges Vivisques » est un des
   vestiges les plus importants de Bordeaux ?

Cliquez sur « L'or-la monnaie » et répondez aux
questions.

1. Quels sont les deux trésors présentés ?

2. Faites une présentation du trésor de Tayac : en quelle

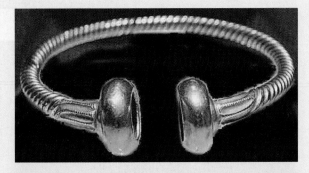

année a-t-il
été
découvert ?
De quoi se
compose-t-
il ? Qu'est-
ce qu'un
torque ?

3. D'où
proviennent
les pièces du
trésor gallo-
romain de
Garonne ?

4. Faites la
description
d'une pièce
de monnaie
gauloise.

78

Cliquez sur « Le bronze » et répondez aux questions.

1. À quelle période correspond la protohistoire ?

2. Qui est Mercure ? Faites la description de sa statue.

3. Quels sont les accessoires qui servaient à la toilette des femmes ?

Cliquez sur « La céramique » et répondez aux questions.

1. Décrivez cette figurine.

2. Comment mangeaient les Gallo-romains ?

La mort chez les Gallo-romains. Pour répondre aux questions cliquez sur « La céramique » et sur « La pierre ».

1. Comment se passait l'incinération au premier âge du fer ?

2. En quoi consiste le rite de l'inhumation ?

3. Choisissez une stèle funéraire et faites-en la description.

DELF
UNITÉ A1 Vous venez de visiter le site sur le monde des Celtes. Racontez à un(e) ami(e) cette visite en soulignant ce que vous avez préféré. Conseillez-lui d'y faire un tour.

Tableau de correspondance
Cadre européen – DELF

Niveau de référence du cadre commun européen	DELF	DELF scolaire	Savoir-faire
A1 Niveau introductif (Breakthrough)	Unité A1	=	Compréhension orale et écrite Expression orale et écrite
A2 Niveau intermédiaire (Waystage)	Unités A1-A2	DELF niveau 1	Compréhension orale et écrite Expression orale et écrite
B1 Niveau seuil (Threshold)	Unités A1, A2, A3, A4	DELF niveau 2	Compréhension orale et écrite Expression orale et écrite
B2 Niveau avancé (Vantage)	Unités A5-A6	=	Compréhension orale et écrite Expression orale et écrite
C1 Niveau autonome	Unités B1-B2	=	Compréhension orale et écrite Expression orale et écrite
C2 Niveau autonome	Unités B3-B4	=	Compréhension orale et écrite Expression orale et écrite